Todo sobre los aligátores

Candice Letkeman

EYEDISCOVER

Ve a **www.eyediscover.com** e ingresa el código único de este libro.

CÓDIGO DEL LIBRO

AVZ95444

EYEDISCOVER te trae libros mejorados por multimedia que apoyan el aprendizaje activo.

Published by AV2
276 5th Avenue, Suite 704 #917
New York, NY 10001
Website: www.eyediscover.com

Library of Congress Control Number: 2020951986

ISBN 978-1-7911-3535-5 (hardcover)

Printed in Guangzhou, China
1 2 3 4 5 6 7 8 9 0 25 24 23 22 21

012021
102520

English Editor: Katie Gillespie
Spanish Editor: Ana María Vidal
Designer: Mandy Christiansen
Spanish/English Translator: Translation Services USA

The publisher acknowledges Getty Images, Alamy, iStock, and Dreamstime as the primary image suppliers for this title.

EYEDISCOVER proporciona contenido enriquecido, optimizado para el uso en tabletas, que complementa este libro. Los libros de EYEDISCOVER se esfuerzan por crear un aprendizaje inspirado e involucrar a las mentes jóvenes en una experiencia de aprendizaje total.

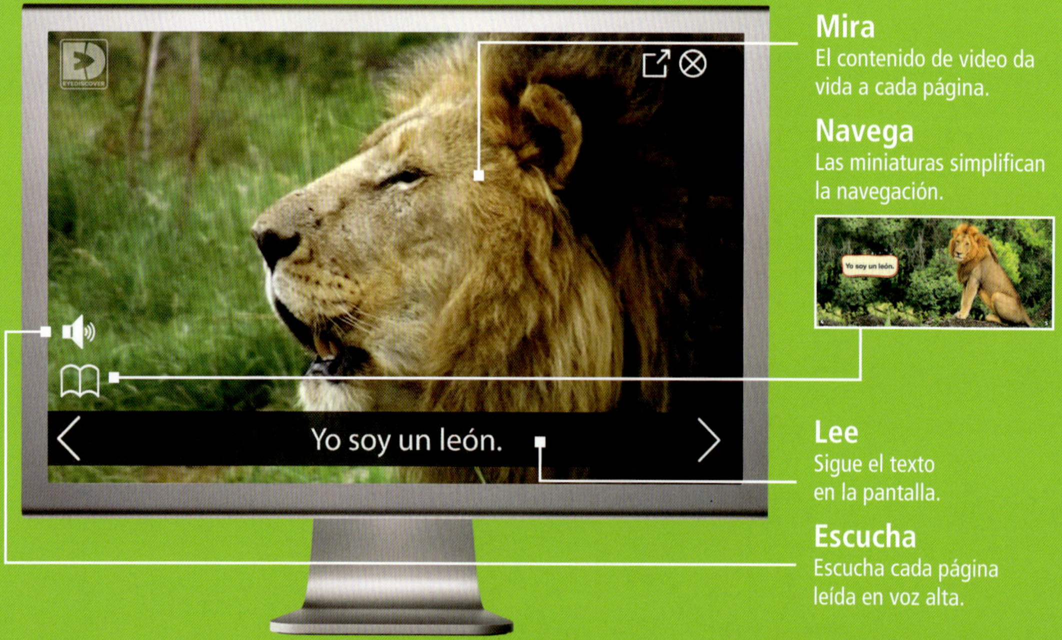

Tu EYEDISCOVER con Seguimiento de Lectura Óptico cobra vida con...

Audio
Escucha todo el libro leído en voz alta.

Video
Los videos de alta resolución convierten cada hoja en un seguimiento de lectura óptico.

OPTIMIZADO PARA

- ✓ TABLETAS
- ✓ PIZARRAS ELECTRÓNICAS
- ✓ COMPUTADORES
- ✓ ¡Y MUCHO MÁS!

TODO SOBRE

los aligátores

En este libro aprenderás

- cómo son
- dónde viven
- qué comen

¡y mucho más!

Los aligátores son reptiles. Tienen cabeza grande, patas cortas y un cuerpo y cola largos.

A los aligátores les gusta el agua cálida. Viven en lagos, ríos y pantanos de agua dulce.

Hay solo dos tipos de aligátores. Unos viven en el sur de los Estados Unidos. Los otros viven en China.

El aligator macho se llama toro. Tiene un rugido muy fuerte que se escucha desde lejos.

Los aligátores bebés nacen de huevos. Son muy pequeños al nacer.

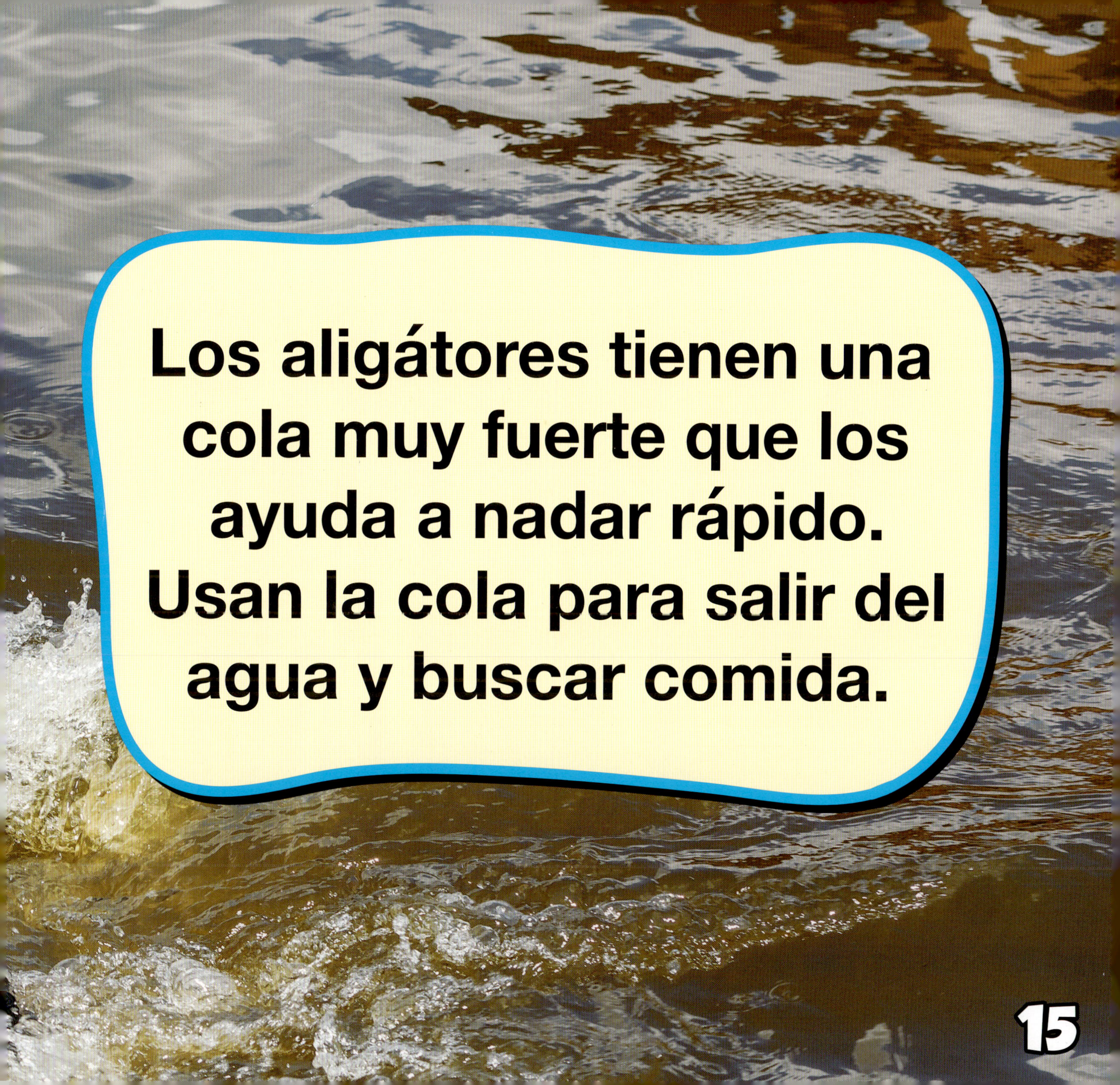

Los aligátores tienen una cola muy fuerte que los ayuda a nadar rápido. Usan la cola para salir del agua y buscar comida.

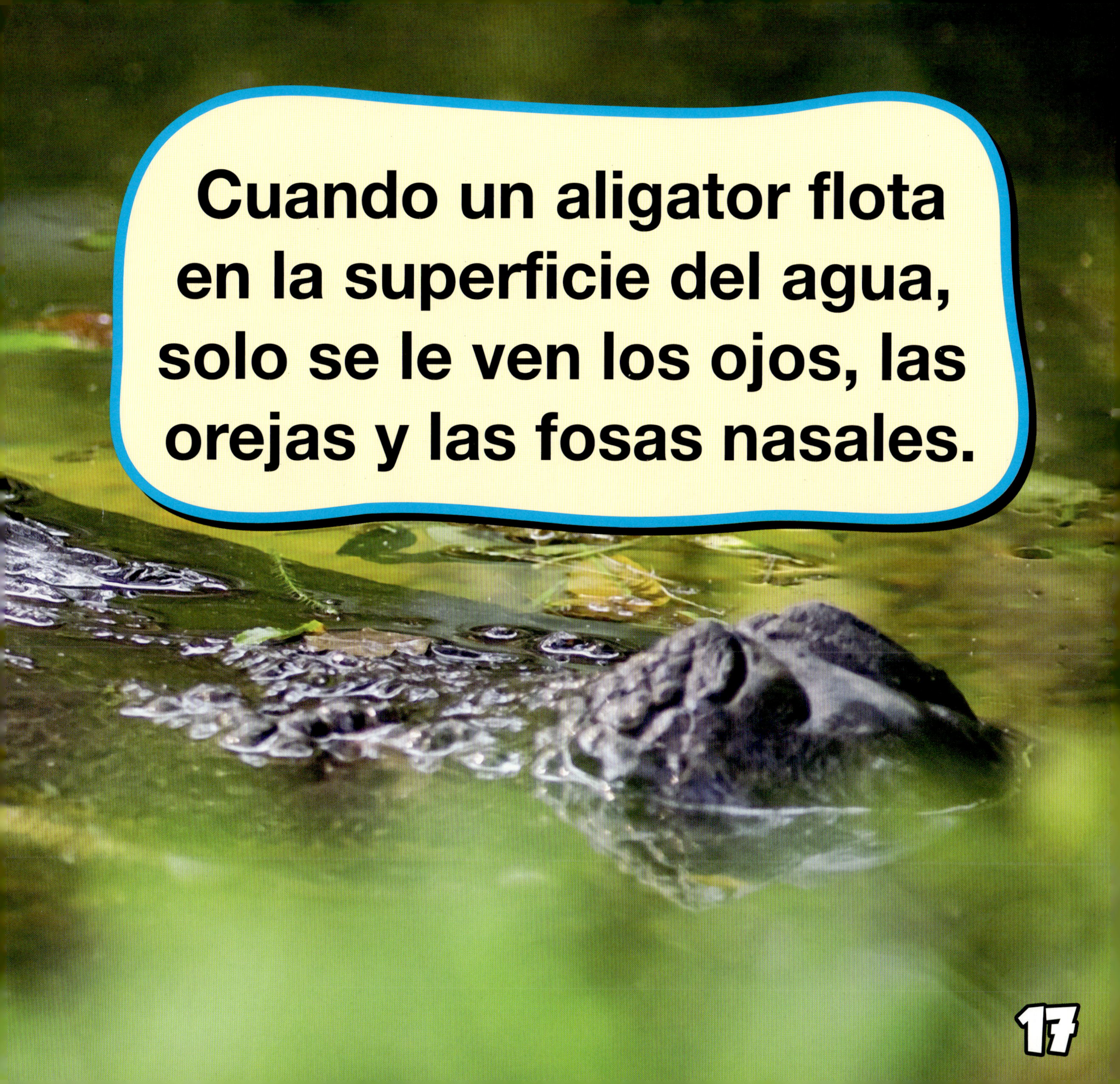

Cuando un aligator flota en la superficie del agua, solo se le ven los ojos, las orejas y las fosas nasales.

Los aligátores comen peces, aves y otros animales pequeños.

Cada vez hay más aligátores en la naturaleza. Es importante que los dejemos tranquilos.

LOS ALIGÁTORES EN NÚMEROS

Los aligátores pueden **llegar a pesar 1.000 libras** (454 kilogramos).

Los aligátores pueden estar **bajo el agua** por **más de 60 minutos.**

Los **aligátores** bebés miden entre **6 y 8** pulgadas (15-20 centímetros) de largo.

Los aligátores suelen poner hasta **50 huevos** por vez.

Los aligátores tienen **más de 70** dientes. Cuando se les gastan, les crecen nuevos. A lo largo de su vida, un aligator puede llegar a tener **3.000 dientes**.

Los aligátores han existido por **más de 180 millones de años**. Algunos los llaman **dinosaurios vivientes**.

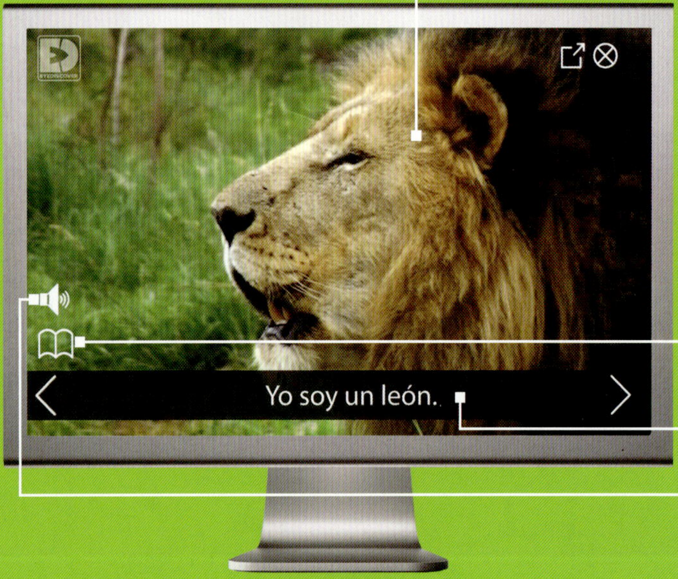

Mira
El contenido de video da vida a cada página.

Navega
Las miniaturas simplifican la navegación.

Lee
Sigue el texto en la pantalla.

Escucha
Escucha cada página leída en voz alta.

Ve a www.eyediscover.com e ingresa el código único de este libro.

CÓDIGO DEL LIBRO

AVZ95444